Vincenzo Santoro

FRANCESCA
Un giorno a Milano

Con la preziosa collaborazione di
Margherita Santoro

Disegni di Irina Savvina

Scritto nel 2019

Ai miei studenti russi

L'esperienza di lettura si estende sulla pagina web:

www.santorovincenzo.com

in cui troverai l'Audio-Libro, video inediti e molti
contenuti supplementari che approfondiscono
e arricchiscono i temi contenuti nella storia.

Per consigli, opinioni e impressioni sul libro puoi
scrivere all'indirizzo e-mail:

vincenzosantoro.snt@gmail.com

Indice

Francesca
Un giorno a Milano

Primo capitolo
Suona la sveglia

Francesca è una studentessa e ogni giorno va all'u-
niversità in tram. Vive in una piccola casa in centro,
insieme ad altri studenti universitari.

La mattina Francesca si alza presto. La sveglia suona alle sette e alle sette e trenta fa colazione. Beve un
caffellatte caldo e mangia tre o quattro biscotti al
miele.

Dopo la colazione va in bagno. Si fa la doccia e si
lava i denti. Poi va in camera, apre l'armadio e si ve-
ste. Non ama truccarsi molto.

È una ragazza acqua e sapone[1].

Alle otto esce di casa e cammina cinque minuti fino alla fermata del tram. Arriva all'università alle nove e va in biblioteca a studiare.

Francesca studia letteratura all'Università Statale di Milano. Le piace questa città perché è molto grande e ci sono sempre tante cose interessanti da fare: mostre, concerti, eventi.

---

1 Acqua e sapone: una donna naturale, semplice, che non usa cosmetici.

ESERCIZI PRIMO CAPITOLO

Per capire meglio

1. Rispondi alle domande.

1. Dove va ogni giorno Francesca?
a. Al lavoro
b. All'università
c. In biblioteca

2. A che ora fa colazione?
a. Alle sette e trenta
b. Alle sette
c. Alle otto

3. Cosa mangia a colazione?
a. Un caffellatte
b. Il miele
c. Dei biscotti al miele

IN ITALIA

IL CAFFÈ

Espresso: il caffè (25ml) più famoso d'Italia.
Caffè macchiato: caffè espresso con una piccola quantità di latte.
Caffè corretto: caffè espresso con una piccola quantità di liquore,
solitamente grappa.
Cappuccino: caffè (25ml), latte (125ml) e molta schiuma.
Latte macchiato: un espresso con latte montato caldo, è tipo
un cappuccino senza schiuma.

E tu, che tipo di caffè preferisci?

Secondo capitolo
Una telefonata

F: Pronto!

A: Ciao Francesca.

F: Ciao Adriano, come stai?

A: Io bene e tu?

F: Benissimo! Dove sei?

A: A casa. E tu?

F: Io sono all'università.

A: Che brava studentessa. Prepari l'esame di storia?

F: Sì, esatto. È un po' difficile.

A: Immagino. Cosa fai oggi?

F: Adesso studio e poi nel pomeriggio vado in centro con Marta e Giuseppe per l'aperitivo. Hanno aperto un nuovo bar... vogliamo provarlo. E tu, che programmi hai?

A: Ora bevo il caffè, poi vado al mercato a fare la spesa e poi in trattoria[1].

F: Cosa cucini di buono?

A: Ancora non lo so. Senti, quando vieni a Roma?

---

1 Trattoria: piccolo ristorante, semplice ed economico.

F: Forse questo fine settimana.

A: Perfetto! Ti aspetto allora.

F: Va bene. Un bacio.

A: Ciao Francesca, a presto.

F: Buona giornata Adriano.

A: Anche a te.

Adriano è il fidanzato di Francesca. Vive a Roma dove è proprietario di un piccolo ristorante a Trastevere[2].

Una volta al mese Francesca prende il treno e va a Roma per incontrarsi con il suo ragazzo. Non si vedono spesso ma si scrivono e si telefonano ogni giorno.

---

2 Trastevere: quartiere romano con molti locali caratteristici.

ESERCIZI SECONDO CAPITOLO

Per capire meglio

1. Indica se le seguenti affermazioni sono vere o false:

1. Adriano è un amico di Francesca. V/F
2. Adriano vive a Roma. V/F
3. Francesca e Adriano si vedono ogni giorno. V/F

IN ITALIA

L'aperitivo

L'aperitivo nasce al Nord Italia, ma adesso è molto popolare anche al Centro e al Sud.
Gli italiani, prima di cena, amano bere un bicchiere di vino
o un cocktail e mangiare qualcosa: noccioline, olive, pizzette, rustici, patatine, focacce, salumi e formaggi.

Si fa l'aperitivo nella tua città?
Ti piace fare l'aperitivo con gli amici?

IL BEL PAESE

Conosci Roma?

Roma è la capitale d'Italia. Sede del parlamento, del governo e dei ministeri.

Ogni anno milioni di turisti visitano la "città eterna" per vedere i suoi tantissimi monumenti. Le rovine dell'antico Impero romano, le fontane rinascimentali, le piazze monumentali, i palazzi antichi, le chiese barocche e naturalmente Città del Vaticano, con la stupenda Cappella Sistina di Michelangelo.

A Roma ci sono moltissimi ristoranti e trattorie dove assaggiare i piatti della tradizione romana: *carbonara, amatriciana, cacio e pepe, ecc.*

Terzo capitolo
Pausa caffè

Francesca è stanca di studiare e decide di andare al bar per fare una pausa e bere un caffè.

Lascia sul tavolo della biblioteca il libro di storia e il quaderno degli appunti, con la matita e la penna. Prende il cellulare, il portafoglio e si alza per andare verso l'uscita.

Oggi a Milano non fa molto freddo, anche se il cielo è grigio e il sole è coperto dalle nuvole.

Attraversa la strada e va al bar di fronte all'università.

Nel bar c'è un'atmosfera allegra e vivace. Molti clienti parlano a voce alta e scherzano mentre bevono il caffè.

F: Buongiorno!

P: Salve.

F: Un caffè per favore.

P: Subito signorina Francesca.

F: Grazie. Come va oggi, signor Piero?

P: Bene, grazie. E a lei?

F: Così così. Il tempo grigio non mi piace tanto. Preferisco il sole.

P: Almeno non piove. Il caffè con lo zucchero?

F: No, grazie. Il caffè lo prendo amaro. Posso avere un bicchiere d'acqua?

P: Certamente. Liscia o gassata?

F: Liscia.

Francesca beve il caffè e poi va alla cassa per pagare.

F: Quanto pago Barbara?

B: Un euro. Ecco lo scontrino[1].

F: Grazie e arrivederci.

B: A domani!

---

1 Scontrino: ricevuta, documento di pagamento.

ESERCIZI TERZO CAPITOLO

Per capire meglio

1. Rispondi alle domande.

1. Com'è il tempo a Milano?
a. Fa molto freddo
b. C'è il sole
c. Il cielo è grigio

2. Dove beve il caffè?
a. Al bar
b. In biblioteca
c. In strada

3. Cosa prende al bar?
a. Un caffè
b. Un bicchiere d'acqua gassata
c. Un caffè e un bicchiere d'acqua liscia

Quarto capitolo
Scusa, dov'è il Duomo?

Francesca esce dal bar e va verso il semaforo. Aspetta il verde per attraversare. Accanto a lei c'è un ragazzo alto e biondo, con una giacca marrone e un cappello con la visiera.

P: Scusa, sei di qui?

F: Si, perché?

P: Voglio andare al Duomo, ma non ricordo la strada.

F: Guarda è molto semplice. Come ti chiami?

P: Peter, e tu?

F: Francesca. Piacere di conoscerti.

P: Piacere mio.

F: Peter non è un nome italiano. Di dove sei?

P: Sono norvegese. Sono a Milano per studiare economia.

F: Ah, bravo... quindi al Duomo vuoi andare in metropolitana o a piedi?

P: È vicino?

F: Sì, solo una fermata di metro.

P: Allora vado a piedi.

F: Ascolta, Peter: vai a sinistra e prendi Corso di Porta Romana. Vai dritto fino a Piazza Missori. Attraversa la piazza e prendi Via Mazzini. Alla fine di Via Mazzini, trovi il Duomo sulla sinistra. Tutto chiaro?

P: : Credo di sì. Attraverso la piazza... poi Via Mazzini.

F: E sei arrivato.

P: Perfetto. Grazie mille Francesca.

F: Figurati. Ciao e buona passeggiata.

P: Grazie tante!

Il semaforo è verde. Francesca attraversa la strada ed entra nel cortile dell'università.

Cammina verso l'ingresso, apre la grande porta di vetro e prende le scale. Francesca non ama usare l'ascensore.

La biblioteca si trova al quarto piano. Spinge piano la porta di legno e va al suo posto senza fare rumore.

Riapre il libro di storia e inizia a studiare. Vicino a lei ci sono studenti che leggono, scrivono e ogni tanto guardano l'orologio. Tutti aspettano le dodici e trenta per andare a pranzo.

ESERCIZI QUARTO CAPITOLO

Per capire meglio

1. Indica se le seguenti affermazioni sono vere o false:

1. Peter è italiano. V/F
2. Il Duomo è lontano. V/F
3. La biblioteca è al quarto piano. V/F

IL BEL PAESE

Conosci Milano?

Milano è in Lombardia, nel Nord Italia.

È la città italiana più moderna, importante centro per la moda e gli affari.

Il monumento più famoso è il Duomo, una grande e maestosa cattedrale in stile gotico. Vicino alla Piazza del Duomo c'è la Galleria Vittorio Emanuele II, piena di eleganti negozi e vivaci caffè. Qui, turisti e milanesi si incontrano per fare shopping e prendere un aperitivo. Nella chiesa di Santa Maria delle Grazie si può vedere il Cenacolo (Ultima cena) di Leonardo da Vinci.

Altri monumenti famosi sono il Teatro alla Scala e il Castello Sforzesco.

Quinto capitolo
Ora di pranzo

Sono le tredici e quindici e Francesca ha un po' di fame. Decide di andare in mensa per mangiare qualcosa. Sulla parete all'ingresso c'è il menù con i piatti del giorno.

Primi

Fusilli alla norma [1]
Penne al pomodoro
Risotto ai funghi

Secondi

Scaloppine al limone [2]
Filetto di merluzzo
Pollo alla griglia

Contorni

Patate al forno
Insalata verde
Peperoni ripieni [3]

---

1 Fusilli alla norma: pasta con melanzane, pomodoro e ricotta salata.
2 Scaloppine al limone: carne di vitello con farina, burro e succo di limone.
3 Peperoni ripieni: peperoni al forno con salsiccia, uova, pane, parmigiano e olio.

Francesca legge i vari piatti. Pensa di mangiare qualcosa di leggero perché nel pomeriggio vuole andare in palestra. Decide di non mangiare il primo, ma di prendere soltanto un secondo e un contorno.

È indecisa tra le *scaloppine al limone*, un po' pesanti ma che ama tanto, e il filetto di merluzzo, più semplice.

Dopo qualche minuto si decide. Prende il vassoio, le posate, il tovagliolo e un bicchiere.

F: Buongiorno signora Maria, vorrei le *scaloppine* e l'insalata, per favore.

M: Certamente. Il primo no?

F: No, grazie. Oggi niente pasta.

M: Come preferisce. Ecco qui. Da bere niente?

F: No, ho l'acqua in borsa. Quant'è?

M: Sono cinque euro e cinquanta.

F: Prego. Ecco a lei dieci euro.

M: Ha cinquanta centesimi?

F: Un attimo che controllo... no mi dispiace.

M: Non fa niente. Ecco il resto e buon appetito.

F: Grazie e buon lavoro.

ESERCIZI QUINTO CAPITOLO

Per capire meglio

1. Rispondi alle domande.

1 Cosa piace tanto a Francesca?
a. L'insalata verde
b. Il filetto di merluzzo
c. Le scaloppine al limone

2 Cosa decide di mangiare?
a. Solo il primo
b. Il primo e il secondo
c. Il secondo e il contorno

3 Quanto paga?
a. Dieci euro
b. Cinque euro e cinquanta
c. Cinquanta centesimi

IN ITALIA

LA PASTA

E tu, che tipo di pasta preferisci?

Sesto capitolo
In palestra

Francesca due volte alla settimana va in palestra.

In primavera adora fare passeggiate al parco, ma in inverno, quando piove e fa freddo, va in palestra per mantenersi in forma.

Per allenarsi indossa una maglietta e un pantaloncino bianco e delle scarpe da ginnastica blu.

Di solito si allena per circa un'ora. Inizia con il riscaldamento, poi corre per quindici minuti, e poi fa gli esercizi con i pesi.

Mentre si allena ama ascoltare la musica con il telefonino.

Oggi ascolta Lucio Battisti.

Dopo l'allenamento va nello spogliatoio, si fa la doccia e si asciuga i lunghi capelli castani.

Alle 18:00 riceve un messaggio su *Instagram*. È la sua amica Marta.

M: Ciao Franci[1]. Ci vediamo alle sei e mezza, ok?

F: Alle sei e mezza? Così presto? Io sono ancora in palestra.

M: Va bene. Non ti preoccupare. Io sono con Giuseppe,

---

[1] Franci: diminutivo di Francesca.

ti aspettiamo. Intanto facciamo quattro passi[2].

F: Va bene Marta. Io ho quasi finito. Faccio in fretta[3].

M: Perfetto!

F: A dopo.

---

2 Quattro passi: camminare un po'.
3 Fretta: velocità, rapidità.

ESERCIZI SESTO CAPITOLO

Per capire meglio

1. Indica se le seguenti affermazioni sono vere o false:

1 Francesca si allena un'ora alla settimana. V/F

2 Francesca ama lo sport, anche se è pigra. V/F

3 Marta e Giuseppe fanno una passeggiata mentre aspettano Francesca. V/F

UN ITALIANO FAMOSO

Lucio Battisti

Lucio Battisti nasce nel 1943 a Poggio Bustone, un paese nel Lazio, vicino Rieti.

Cantante, musicista, compositore e polistrumentista italiano.

Il pubblico ama molto le sue canzoni perché parlano di molti temi interessanti, come la vita quotidiana, l'amore, l'amicizia, i tradimenti e la gelosia.

Tutti gli italiani conoscono e cantano le sue canzoni. Lucio Battisti è una vera e propria icona della musica italiana.

Consiglio di ascoltare alcune delle sue canzoni più famose: *Insieme a te sto bene, Ancora tu, Mi ritorni in mente, Eppur mi son scordato di te e Prendila così.*

Adesso ascolta un paio di volte la canzone "E penso a te" e inserisci le parole che mancano negli spazi vuoti: città, occhi, casa.

Io lavoro e penso a te
Torno a _____ e penso a te
Le telefono e intanto penso a te
Come stai e penso a te
Dove andiamo e penso a te
Le sorrido abbasso gli _____ e penso a te
Non so con chi adesso sei
Non so che cosa fai
Ma so di certo a cosa stai pensando
E' troppo grande la _____
Per due che come noi
Non sperano però si stan cercando... cercando...

Settimo capitolo
Aperitivo in centro

L'appuntamento è sui Navigli, una zona molto frequentata dai giovani milanesi e dai fuorisede[1], perché piena di locali. Oltre a bar e ristoranti, c'è anche il mercato, qualche museo e tanti palazzi storici da fotografare.

A Francesca questo quartiere piace tanto perché non è moderno come il resto della città. È antico e pittoresco. Pieno di artisti e musicisti, che vivono, lavorano e passeggiano lungo i canali. Sui Navigli c'è un'atmosfera affascinante e rilassata, ideale per incontrarsi con gli amici dopo l'università o il lavoro.

Marta e Giuseppe aspettano al tavolino del Caffè Verdi. Francesca entra e si siede insieme ai suoi amici.

F: Bello questo locale!

M: Hai visto quanti libri ci sono?

F: Sì, ma non capisco! È un bar o una libreria?

G: Ma è un caffè letterario. Si può comprare un libro, bere un bicchiere di vino e mangiare un tramezzino[2]... se hai fame.

F: Che figo[3]! Mi piace.

---

1 Fuorisede: studenti o lavoratori che vivono lontano dalla propria città natale.

2 Tramezzino: panino triangolare con verdure, salumi e formaggi.

3 Figo: bello, interessante, indica qualcosa che ci piace.

G: Arriva il cameriere, siete pronti per ordinare?

F: Io sì. Marta, e tu?

M: Anch'io. Tanto prendo il solito.

C: Buonasera ragazzi. Cosa vi porto?

F: Io prendo un Aperol spritz.

M: Anche per me uno spritz, ma con il Campari.

F: Perché con il Campari?

M: L'Aperol è troppo dolce.

C: E per te?

G: Io sono indeciso tra un bicchiere di vino bianco e un prosecco...

F: Perché non bevi anche tu uno spritz?

G: No, voglio una cosa più semplice... prendo un bianco, bello freddo.

C: Perfetto. Allora due spritz e un vino bianco.

G: Ci porti anche qualcosa da stuzzicare[4]?

C: Certamente! Il nostro cuoco prepara degli stuzzichini[5] buonissimi. Da leccarsi i baffi[6].

---

4 Stuzzicare: mangiare qualcosa, fare uno spuntino.
5 Stuzzichini: piccoli antipasti, di solito salati.
6 Da leccarsi i baffi: un cibo molto buono, gustoso.

ESERCIZI SETTIMO CAPITOLO

PER CAPIRE MEGLIO

1. Rispondi alle domande.

1 Perché a Francesca piacciono i Navigli?
a. Perché sono moderni
b. Perché sono vicino all'università
c. Perché sono antichi e pittoreschi

2 Dove si incontrano i tre amici?
a. In libreria
b. In un caffè letterario
c. In un bar

3 Cosa ordina Giuseppe?
a. Uno spritz
b. Un prosecco
c. Un vino bianco

IN ITALIA

LO SPRITZ

Lo spritz è un aperitivo alcolico italiano nato
in Veneto. Si prepara con prosecco, acqua tonica,
Aperol o Campari, ghiaccio
e una fetta d'arancia.

E tu, hai mai bevuto uno spritz?

Ottavo capitolo
Aperitivo in centro

I tre amici sono nella sala interna del locale. Mentre aspettano da bere si guardano intorno.

Il soffitto del bar è alto e le pareti sono piene di quadri di giovani pittori milanesi.

Nella sala ci sono molti oggetti di antiquariato: una macchina da scrivere in ferro e plastica Olivetti[1], una lampada verde in ottone, un giradischi nero, una poltrona di pelle marrone, un paio di sci rossi, una racchetta in legno e tanti libri di diverso colore.

---

1 Olivetti: azienda italiana famosa per la produzione di macchine da scrivere.

F: Proprio carino e accogliente questo posto!

G: Sì, anche se sembra casa di mia nonna, con tutti questi vecchi oggetti.

M: Non sono vecchi, sono *vintage*.

G: Ah, scusa... ecco il cameriere. Finalmente!

F: A cosa brindiamo?

G: A noi, naturalmente!

M: Cin cin[2]!

F: Alla salute!

G: Alla nostra!

F: Allora Marta, come stai? È un sacco di tempo[3] che non ci vediamo.

M: Tutto bene, insomma. Ho iniziato un nuovo lavoro, adesso sono assistente stilista in una casa di moda.

F: Fantastico! Complimenti. Ti piace il tuo nuovo lavoro?

M: Sì, anche se è un po' stressante.

F: E tu, Giuseppe? Come va il lavoro da ricercatore[4]?

---

2 Cin cin: si dice quando si fa un brindisi.
3 Un sacco di tempo: molto tempo.
4 Ricercatore: persona che all'università svolge un lavoro di ricerca letterario, scientifico o tecnico.

G: Faticoso, ma stimolante. Domani parto, vado a Bologna per un convegno[5] su Dante.

F: Caspita, sembra interessante.

G: Speriamo! E tu, cosa racconti?

F: Ma niente, preparo l'ultimo esame di storia medievale. Sono un po' preoccupata, è davvero tosto[6]. Ci sono molte date, nomi e battaglie da ricordare.

M: Rilassati. Ancora un altro esame e poi hai finito.

G: E cosa pensi di fare dopo?

F: Una bella vacanza... un giro in barca a vela, per esempio.

Prendere il sole, nuotare, fare delle lunghe passeggiate, scattare delle fotografie.

M: Bella idea! Quasi quasi vengo anch'io.

F: Perché no.

M: Ho appena iniziato il nuovo lavoro, non posso andare subito in ferie.

F: Peccato!

---

5 Convegno: riunione di persone che parlano di un argomento, es. un convegno di medicina.
6 Tosto: difficile, impegnativo (uso colloquiale).

I tre amici bevono, parlano, scherzano e dopo un paio d'ore[7] vanno a casa.

Marta torna a casa in bicicletta. Giuseppe con la sua Vespa bianca e Francesca in tram, come sempre.

La serata non è molto fredda. C'è un vento leggero e un po' di umidità.

Francesca arriva a casa alle ventuno e va subito in camera ad accendere la televisione.

Stasera in tv fanno il suo film preferito.

---

7 Un paio d'ore: due.

ESERCIZI OTTAVO CAPITOLO

PER CAPIRE MEGLIO

1. Indica se le seguenti affermazioni sono vere o false:

1 Marta lavora come stilista. V/F
2 Giuseppe vuole andare in vacanza a Bologna. V/F
3 Francesca è preoccupata per l'esame di storia medievale. V/F

Il BEL PAESE

CONOSCI BOLOGNA?

Bologna, sede della prima università del mondo,
si trova in Emilia-Romagna. Famosa per le torri
medievali e i portici, dove bolognesi, turisti e studenti
di tutta Italia, passeggiano tra i numerosi negozi
e caffè del centro. Molte sono le specialità
gastronomiche: tortellini, mortadella, *lasagne*
e le famigerate *tagliatelle alla bolognese*.

UN ITALIANO FAMOSO

DANTE ALIGHIERI

Dante Alighieri nasce a Firenze nel 1265 da una famiglia nobile e
studia all'università di Bologna. Dopo gli studi ritorna a Firenze
dove inizia la sua attività poetica e politica. La sua opera più
importante è la "La Divina Commedia".
Dante è il padre della lingua e della letteratura italiana.
Muore in esilio a Ravenna nel 1321.

Nono capitolo
Un film in tv

Il film preferito di Francesca è *Ieri, oggi e domani* di Vittorio De Sica.

Una vecchia commedia romantica in tre episodi, che ha vinto il premio Oscar nel 1963.

Il primo episodio è forse quello più famoso. La storia si svolge a Napoli, in un quartiere popolare, con vicoli stretti e vestiti stesi ai balconi ad asciugare.

È un episodio molto allegro e pieno di vivacità, proprio come la città partenopea[1]. Ricca di storia e di cultura, con molti monumenti importanti e cibi buonissimi: la pizza, la pasta, la sfogliatella[2].

Francesca si mette comoda sul divano con una coperta leggera, accende la lampada e spegne la luce grande. Inizia a guardare il film con molto interesse, anche se l'ha visto già molte volte.

Mentre guarda il film, suona il cellulare.

M: Ciao amore

F: Ciao mamma.

M: Che fai? Sei a casa o in giro[3]?

F: Sono appena tornata. Adesso guardo un po' di tv.

---

1 Partenopea: napoletana, Partenope è il nome antico della città di Napoli.

2 Sfogliatella: dolce tipico della pasticceria napoletana e campana.

3 Giro: fare un giro, uscire, passeggiare.

M: Cosa stai guardando?

F: Un film.

M: Quale?

F: *Ieri, oggi e domani.*

M: Quello con Sofia Loren e Marcello Mastroianni?

F: Sì, esatto.

M: Ah, bello. L'ho visto tanti anni fa al cinema. E dimmi, cosa hai fatto oggi?

F: Stamattina sono stata in biblioteca a studiare, poi sono andata in palestra e verso le sei ho incontrato Marta e Giuseppe per un aperitivo in centro.

M: Brava. Cosa hai mangiato a pranzo?

F: *Scaloppine* e insalata.

M: Hai cucinato tu?

F: No, ho mangiato in mensa. E tu? Cosa hai cucinato di buono?

M: Io ho fatto le *penne con zucchine e gamberetti* e la *ciambotta*[4].

F: La tua *ciambotta* è speciale. Ma è difficile da preparare?

---

4 Ciambotta: piatto della cucina campana a base di verdure.

M: Ma no, è semplicissimo. Ascolta. Serve:

un peperone;
una melanzana;
una patata;
una zucchina;
una cipolla;
quattro o cinque pomodorini;
due cucchiai di olio extravergine d'oliva;
olio, sale e pepe.

Prendi una padella bella grande e metti le verdure tagliate in piccoli pezzi.

Aggiungi l'olio, il sale e il pepe e anche un bicchiere d'acqua. Copri la padella con il coperchio e fai cuocere per circa trenta minuti.

F: Tutto qui?

M: Certo.

F: Non è difficile. Però devo tagliare tutte le verdure...

M: Ho capito, sei la solita pigrona[5]. Quando vieni a casa te la preparo io.

F: Grazie, sei la mamma migliore del mondo. E papà è a casa?

---

5 Pigrona: persona molto pigra, che non vuole fare niente.

M: No, è andato con gli amici in pizzeria a guardare la partita di calcio.

F: Sempre queste partite!

M: Eh, lo sai. Tuo padre è malato di calcio[6]. Va bene Franci, ti lascio guardare il film.

F: Buonanotte mamma, ci sentiamo domani.

M: Un bacio, ti voglio bene[7].

F: Anch'io. Ciao.

---

6 Malato di calcio: persona a cui piace molto il calcio.
7 Ti voglio bene: si dice alla mamma, a un amico o a un familiare per esprimere amore e stima.

ESERCIZI NONO CAPITOLO

PER CAPIRE MEGLIO

1. Rispondi alle domande:

1 Cosa fa Francesca quando torna a casa?

a. Va subito a dormire

b. Guarda un film

c. Telefona alla madre

2 Cosa ha cucinato la mamma a pranzo?

a. La pizza

b. La sfogliatella

c. Pasta con zucchine e gamberetti e la ciambotta

3 Dov'è andato il papà di Francesca?

a. In palestra

b. A giocare a calcio

c. In pizzeria

IL BEL PAESE

CONOSCI NAPOLI?

Napoli è la città più importante del Sud Italia. Fondata dai Greci
più di 2500 anni fa, è ricca di monumenti celebri come il Maschio
Angioino, il Castel dell'Ovo e il Teatro San Carlo, il teatro lirico più
antico del mondo. Famosa anche per il suo golfo sul mare e il
vulcano Vesuvio. Napoli è una città unica, vivace, allegra, colorata
e piena di gente simpatica.
Le canzoni e il cibo napoletano sono famosi in tutto il mondo.

UN ITALIANO FAMOSO

VITTORIO DE SICA

Vittorio De Sica nasce nel 1901 a Sora, nel Lazio. Attore, sceneggiatore
e regista, tra i più influenti della storia del cinema mondiale.
Ha recitato in numerosissimi film, sia comici che drammatici.
Vittorio De Sica è uno dei padri della "commedia all'italiana" e del
"neorealismo", movimento letterario e cinematografico italiano,
nato dopo la seconda guerra mondiale. Ti consiglio di guardare:
Ladri di biciclette, Sciuscià, La ciociara, Matrimonio all'italiana e
naturalmente *Ieri, oggi e domani*.

Decimo capitolo
Buonanotte

La giornata di Francesca è stata molto intensa e frenetica, domani la sveglia suona un'altra volta alle sette. Un altro giorno di corsa tra università, amici e palestra.

Poggia la testa sul cuscino del divano e dopo poco si addormenta profondamente.

Chiude gli occhi e inizia a sognare. Francesca è sul terrazzo di una mansarda[1] del centro. Si vedono i tetti marroni delle case e le cupole grigie delle chiese.

Gli uccelli volano e c'è un leggero vento. È notte e in cielo c'è una grande luna arancione.

All'improvviso Francesca sente un suono. È la sveglia. È già ora di andare all'università? Forse qualcuno bussa alla porta. Allora si alza e va ad aprire.

È Adriano, con un mazzo di rose rosse in una mano e una bottiglia di vino nell'altra.

È venuto a Milano per farle una sorpresa. I due ragazzi si abbracciano e si baciano.

Francesca è felice, emozionata, piena di gioia. È un po' strano però, Adriano non ama andare a Milano. È sempre impegnato con il lavoro in trattoria...

Chissà[2]! Forse è solo un sogno e Francesca dorme ancora.

---

1 Mansarda: soffitta, stanza sotto il tetto.
2 Chissà: chi sa? Può darsi, esprime dubbio, incertezza.

ESERCIZI DECIMO CAPITOLO

PER CAPIRE MEGLIO

1. Indica se le seguenti affermazioni sono vere o false:

1 La giornata di Francesca è stata molto faticosa. V/F
2 Le cupole delle case sono grigie. V/F
3 Francesca sogna di essere in una chiesa. V/F

QUATTRO CHIACCHIERE

Ti è piaciuta la storia che hai appena letto?
Vorresti leggere un'altra storia con Francesca protagonista?

Mettiti in contatto con me tramite e-mail:
vincenzosantoro.snt@gmail.com
e fammi sapere cosa ne pensi di questo libro!

GLOSSARIO PER AREE TEMATICHE

L'abbigliamento

Cappello (con visiera)

Giacca

Maglietta

Pantaloncino

Scarpe (scarpe da ginnastica)

Vestiti

Le caratteristiche fisiche

Alto

Biondo

La casa e gli altri edifici

Armadio

Ascensore

Bagno

Balconi

Camera

Divano

Doccia

Ingresso

Parete

Piano

Porta

Sala

Scale

Soffitto

Spogliatoio

Tavolini

Tavolo

Il cibo e le bevande

Acqua

Acqua tonica

Amatriciana

Antipasti

Aperitivo

Aperol

Arancia

Biscotti

Burro

Cacio e pepe

Caffè

Caffellatte

Campari

Carbonara

Carne

Ciambotta

Cipolla

Contorno

Dolce

Insalata verde

Farina

Farfalle

Fettuccine

Filetto di merluzzo

Focacce

Formaggi

Fusilli alla norma

Gamberetti

Lasagne

Melanzane

Miele

Mortadella

Noccioline

Olio

Olive

Pane

Panino

Parmigiano

Pasta

Patata (Patate al forno)

Patatine

Penne (Penne al pomodoro)

Pepe

Peperone (Peperoni ripieni)

Pizza

Pizzette

Pollo alla griglia

Pomodorini

Pomodoro

Primo

Prosecco

Ricotta salata

Rigatoni

Risotto ai funghi

Rustici

Sale

Salumi

Salsiccia

Scaloppine al limone

Secondo

Sfogliatella

Spaghetti

Stuzzichini

Succo di limone

Spritz

Tagliatelle

Tortellini

Tramezzino

Verdure

Vino

Vitello

Zucchero

Zucchine

La città

Bar

Biblioteca

Caffè letterario

Canali

Casa

Castello

Cattedrale

Centro

Chiese

Concerti

Cortile

Duomo

Galleria

Eventi

Fermata

Fontane

Libreria

Locali

Mensa

Mercato

Metropolitana (metro)

Ministeri

Monumenti

Mostre

Negozi

Palazzi

Palestra

Parco

Parlamento

Piazza

Pizzeria

Portici

Quartiere

Rovine

Ristorante

Semaforo

Strada

Teatro

Trattorie

Torri

Università

Via

Vicoli

Il clima

Freddo

Nuvole

Sole

Umidità

Vento

I colori

Bianco

Blu

Castani

Grigio

Marroni

Nero

Rossi

Verde

Il corpo umano

Capelli

Denti

La famiglia

Mamma

Nonna

Papà

La giornata

Mattina

Pomeriggio

Serata

I materiali

Ferro

Legno

Ottone

Pelle

Plastica

Vetro

I mezzi di trasporto

Barca a vela

Bicicletta

Metropolitana

Tram

Treno

Vespa

Gli oggetti

Borsa

Cellulare

Coperchio

Coperta

Cosmetici

Forno

Giradischi

Lampada

Libro

Macchina da scrivere

Matita

Orologio

Penna

Portafoglio

Quaderno

Quadri

Padella

Pesi

Poltrona

Posate

Racchetta

Sci

Sveglia

Telefonino

Televisione (tv)

Tovagliolo

Vassoio

Il paesaggio

Golfo

Vulcano

I pasti

Cena

Colazione

Pranzo

Spuntino

Le professioni

Artisti

Assistente

Attore

Cameriere

Cantante

Compositore

Cuoco

Musicista

Paroliere

Pittori

Produttore

Polistrumentista

Ricercatore

Sceneggiatore

Stilista

Le stagioni

Inverno

Primavera

Soluzioni

Primo capitolo
1. B; 2. A; 3. C.
Secondo capitolo
1. F; 2. V; 3. F.
Terzo capitolo
1. C; 2. A; 3. C.
Quarto capitolo
1. F; 2. F; 3. V.
Quinto capitolo
1. C; 2. C; 3. B.
Sesto capitolo
1. F; 2. F ; 3. V .
Settimo capitolo
1. C; 2. B ; 3. C .
Ottavo capitolo
1. F ; 2. F ; 3. V.
Nono capitolo
1. B; 2. C ; 3. C .
Decimo capitolo
1. V ; 2. F ; 3. F.

Vogliamo ringraziare Sergey, Svetlana, Filippo, Gabriele, Federica e Chiara.

E-mail:
vincenzosantoro.snt@gmail.com

Il sito:
www.santorovincenzo.com